KB219424

하나님, 답장 기다릴게요!

하나님, 답장 기다릴게요!

초판 1쇄 발행	2022년 6월 8일
초판 2쇄 발행	2022년 7월 15일

지은이   구작가

펴낸이   여진구

책임편집   김아진 정아혜

편집   이영주 정선경 최현수 안수경 김도연

책임디자인   노지현 조은혜 | 마영애

홍보 · 외서   진효지

마케팅   김상순 강성민 허병용   **마케팅지원**   최영배 정나영

제작   조영석 정도봉   **경영지원**   김혜경 김경희

303비전성경암송학교   박정숙 최경식

이슬비전도학교 / 303비전성경암송학교 / 303비전꿈나무장학회

펴낸곳   규장

주소 06770 서울시 서초구 매헌로 16길 20(양재2동) 규장선교센터

전화 02)578-0003   **팩스** 02)578-7332

이메일 kyujang0691@gmail.com   **홈페이지** www.kyujang.com

페이스북 facebook.com/kyujangbook   **인스타그램** instagram.com/kyujang_com

카카오스토리 story.kakao.com/kyujangbook

등록일 1978.8.14. 제1-22

책값   뒤표지에 있습니다.

ISBN 979-11-6504-330-8 03230

하나님, 답장 기다릴게요!

천국으로 쏘아올리는
구작가의
깡총뿌짝 일상편지

구작가 지음

규장

천국으로 보낸 편지

대략 여덟 살이나
열 살쯤이었던 것 같아요.

하나님한테 편지를 쓰고 싶어서
무턱대고 구구절절 하고픈 말을 적고
봉투에 '받는 사람 : 하나님', '주소 : 천국'으로 쓰고
빠른 우편용 우표를 붙였던 게 생각나요.

어릴 때는 편지가
정말 하나님께 도착할 것 같았어요.
지금 생각하니 너무 귀여운 발상이었네요!

그런데 신기하게도, 주소에 '천국'이라 적었는데
우리 집으로 반송되어야 할 편지가 돌아오지 않았어요!
아마도 우체국장님이 하나님을 믿는 분이었나 봐요.

그 후로 사춘기를 겪으며 방황을 했고
청년이 되어서는 기도가 잘 나오지 않았어요.
교회에서도 기도에 집중하지 못했죠.

그래서 하나님께 솔직하게 말했어요.
'저… 하나님한테 기도하고 싶은데 잘 안 돼요.'
그러자 마음 한구석에 어릴 때 쓰던 기도편지가 떠올랐어요.

기도편지를 쓰면 마음이 편안해져요.

가족도 몰라주는 속상함,
자랑하고 싶은데 티 내지 못하는 기쁨,
꼭꼭 감춰둔 우울과 슬픔까지 실컷 말할 수 있거든요.

사실 기도하고 나면
어떤 기도는 기억나는데, 어떤 기도는 잊어버리잖아요.
그런데 기도편지는 언제든 꺼내서 볼 수 있어요.
그러면 미처 몰랐던 하나님의 일하심을
발견하고는 깜짝 놀라요.
저는 제가 뱉은 말도 기억 못 하는데
하나님은 약속을 결코 잊지 않으시더라고요.

기도편지는 한결같지 않아요.

제 신앙이 아직 청소년 수준이라
하나님께 열정적으로 러브레터를 쓸 때도 있지만
이따금 펜을 놓아버릴 때도 있어요.
이마저도 기도편지에 다 보이더라고요.
'아, 이때는 열심히 썼구나',
'이때는 상태가 안 좋았구나.'

그래서 하나님께 꼭 말씀드려요.
제가 이렇게 연약하고 들쑥날쑥하고
오르락내리락 이랬다저랬다 하지만,
변함없이 사랑해주셔서 감사하다고요.

저도 매일 한 뼘씩 노력하겠다고요!
그러니 살살 이끌어달라고요.

어쨌든 하나님은 제가 편지를 계속 쓰길 원하시는 것 같아요.
그래서 그만 보내라고 하실 때까지 계속 쓸 생각이에요!

성경이 '하나님의 러브레터'라면
저는 그분과 함께한 순간들을 편지로 남길래요.
날마다 동행하신 그분의 발자국을 세어보면서요!

네에? 기도편지를 보여달라고요?

으흠, 부끄러운데… 살짝, 아주 사알짝 보여드릴게요!

CONTENTS

Prologue

하나님만
바라볼래요

PART 2

세상에,
제가 엄마가
되다니요!

PART 3

아이를 키우며 하나님 마음을 느껴요

Epilogue

PART

1

하나님만
바라볼래요

오아시스를
기다려요

하나님, 제법 더워졌어요.
며칠은 따뜻해서 '아, 봄이구나' 싶었는데
제 생각을 뒤엎어 버렸어요.
역시 내일은 아무도 예상할 수 없군요!

오늘 엄마랑 동생이 집에 놀러왔어요.
그래서 남편이랑 넷이서 가정예배를 드렸어요.
엄마가 가져온 말씀이 저를 깨닫게 해주었어요.

아, 무언가를 깨달으면 정말 기분이 좋아요!

하나님, 어떻게든 저를 깨워주셔서 감사해요.
그 말씀이 뭐였냐고요?
기쁘게 말씀드릴게요. 잘 들어보세요. 흠!

모세가 애굽에서 노예로 힘들게 살던
이스라엘 사람들을 데리고 나왔죠.
삼 일 동안 광야를 걷다가 도착한 곳, 마라!
사람들은 물을 기대했지만
웅덩이에 오래 고여있어서
마실 수 없을 만큼 쓴 물밖에 없었어요.

사람들은 화가 나서 하나님을 원망하고
마구마구 불평하기 시작해요.
사흘 전만 해도 홍해를 건너는 기적을 경험했는데!
사실, 하루만 더 가면 하나님이 준비해두신
엘림의 큰 오아시스를 만날 수 있었대요!

맞아요.

지금까지 걸어온 길을 돌아보면

광야도 있었고 오아시스도 만났어요.

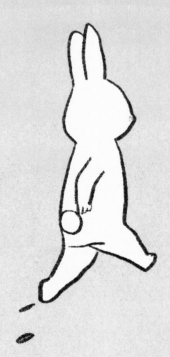

광야는 분명 힘들었지만,
언제나 하나님이
오아시스랑 푸른 초원을
꼭 만나게 해주셨어요.

그래요.
당장의 힘듦은 광야일 뿐이에요!

분명히 저만의 오아시스가 올 거라고 믿고
계속 전진할게요!

언젠가
제 귀를 열어주시면요

하나님! 아주 뜬금없는 이야기인데요.
가끔 저는 말이나 글이나 어떤 방법으로도
설명하기 힘든 경험을 할 때가 있어요.

제가 일부러 그러는 것도 아닌데
가끔, 아주 가끔, 어떤 사람을 보았을 때
모든 순간이 멈추다시피 시간이 아주 천천히 흐르면서
오롯이 그 사람만 눈에 들어와요.
그리고 그에게서 음악이 흘러나와요.

그 짧은 순간이 너무나 아름다워서
오래오래 잊지 못해요.

오늘따라 그 아름다움을 영상이나 음악으로
표현하고 싶은데 그럴 수가 없네요.
음악에 대해 모르니까요.

누군가가 제게 이런 말을 해줬어요.

"언젠가 당신의 귀가 열릴 날이 올 거예요."

이 말을 선명하게 기억해요.
하나님, 언젠가 때가 되어 제 귀를 열어주시면요,
오랫동안 간직해온 음악들, 제게만 들렸던
그것을 꼭 표현해보고 싶어요.

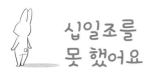

십일조를 못 했어요

하나님, 안녕하세요?
저는 방금 저녁밥을 먹었어요.
전에는 외출이 많아서 외식을 하고
냉장고가 텅텅 비어있었는데
요즘은 자주 해 먹다 보니 제 불안한 칼질이
아주 조금 괜찮아진 것 같아요, 히힛!

하나님, 오늘 어떤 제안을 받았어요.
어느 분이 마스크를 만드는 회사를 인수했대요.
그래서 베니 마스크를 제작해볼 생각이 없냐고요.

있잖아요, 저는 아주 솔깃했어요.

아직까지는 마스크가 잘 팔리니까요.
코로나 때문에 생활이 어려워
사실 반가운 제안이었지요.

그치만… 안 하는 게 좋겠다고 대답했어요.
기부를 해도 모자랄 상황에
베니 마스크는 환영받지 못할 것 같아요.
하나님이 주신 캐릭터인데
돈벌이로 이용하는 걸로 비춰지면 속상할 것 같아요.
그래서 코로나가 잠잠해지고 나서 해보자고 했어요.

저, 잘한 거겠죠?

하나님… 저 다음 달 생활비, 이미 마이너스예요.

그래서 십일조도 하지 못했어요.
이번 달 십일조를 기억해둘게요.
그리고 도와주세요.
돈 때문에 하나님을 생각하지 못하고
흔들리지 않게 도와주세요.

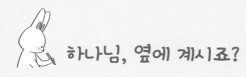

하나님, 옆에 계시죠?

하나님, 잘 계시죠?
제 옆에 계시죠?

요즘 하나님께 많이 소홀했어요….
필요할 때만 찾고,
심지어 필요한데 안 찾을 때도 많았어요.
정말 죄송해요. 백 번 죄송하다고 해도 부족해요.

하나님,
코로나 여파로 세상이 삭막해졌어요.
행사도 많이 취소되고, 일거리도 확 줄었어요.
그래서 매달 생활비가 아슬아슬한 상황이에요.

사실 얼마 전까지는 아주 많이 불안했어요.
눈앞의 위태로운 상황을 보면서 마음이 요동쳤어요.
제가 탄 배가 폭풍을 만나 박살 날 것 같은,
멘붕이 오는, 그런 느낌이요.
그런데 문득 느꼈어요.

'하나님이 이 상황을 통해
나와 이야기를 나누고 싶으신 게 아닐까?'

그리고 생각났어요.
아무것도 없을 때, 순수하게 그림을 그렸던 때요.
하나님은 그런 저를 기뻐하시며 많은 선물을 주셨어요.

중간중간 힘든 시기가 찾아올 때마다
상상을 초월하는 선물을 받았지요.
제 모습도 점점 멋있어졌고요.
하나님은 그렇게 저를 다듬어주셨어요.

이번에도 어려움을 기회로 생각하고
하나님과 많은 대화를 나누면서
만들고 싶었던 작품을 만들게요.
조금만 버텨볼게요!

다시 한번, 하나님께 소홀했던 것 죄송해요.
언제나 저를 사랑해주시고 놓지 않아주셔서 감사해요.

돈 많은
백수

하나님, 안녕하세요?
저는 방금 점심을 먹었어요.
간단하게 호밀 식빵에 크림치즈를 바르고
그 위에 딸기를 얹어 먹었어요.
마치 디저트 카페에서 먹은 느낌이에요!
맛있는 음식을 주셔서 감사해요.

이제 슬슬 작업을 해야 하는데요,
할 일이 아주 산더미예요.

있잖아요 하나님,
사실 저 엄청 게을러요!

사람들에게는 "600억을 버는 게 꿈"이라고 말하지만
실은 '돈 많은 백수'가 되고 싶어요.
평생 일 안 하고, 돈 걱정 안 하고 놀고 싶어요!
그치만 하나님은 분명 이것저것 하라고 하시겠죠?

그렇다면 하나님,
이왕이면 작업을 아주 즐겁게 하게 해주세요.
지금부터요!

오늘 할 일을 무사히 잘 마칠 수 있게
제 마음을 단단히 붙잡아 주세요.
그럼 여기까지 줄이고, 시작해볼게요!
이따가 다시 말씀드릴게요!

맘 편히 잘게요!

하나님!!!
오늘 할 일을 겨우 해냈어요!

정말 귀찮았는데,
어찌어찌하다 보니 어느새 끝냈어요.
곁에서 도와주셔서 감사해요.

맘 편히 잘 수 있겠어요.
내일도 꼭 도와주셔야 해요!

글쓰기도
식후경

하나님!
글이 너무 안 써져서 남편과 조용한 카페를 찾았어요.
대중교통으로는 가기 힘든 불편한 위치에 있었지만,
그만큼 아주 고요하고 한적한 곳이었어요.

잔뜩 기대하고 들어갔는데 카페가 넓고 예뻤어요.
메뉴를 보니 가격대가 제법 있더라고요.
(하나님 돈을 조금만 빌려 쓸게요, 헤헤.)

디저트로 하얗고 부드러운 생크림을 얹은
곱디 고운 치즈케이크, 달콤한 팥과
쫀득쫀득한 찹쌀이 들어간 모나카,

음료로 저는 애플시나몬티,
남편은 아이스 아메리카노를 주문했어요.
테이블 위에 올려두니 굉장히 예뻤어요.

바라보기만 해도 기분이 좋아졌지요!

글 쓰러 왔는데 먹느라고 정신이 없었어요.
거의 다 먹고 나서야 카페에 온 목적이 생각났어요.
마음을 다잡고 글을 쓰려는데 한참 떠오르질 않더라고요.

모니터를 빤히 쳐다보다가
갑자기 쓸 이야기가 우르르 떠올랐어요!
하지만 간단히 메모만 하고 마저 다~ 먹고 집에 돌아왔지요.

정작 글은 안 썼지만
예쁜 카페에서 맛있는 디저트를 먹고
기분이 아주 좋아진걸요.

감사해요, 하나님. 너무 행복했어요♡

 베니 지떼

굿모닝, 하나님!
지금 아침 7시 28분이에요.
오늘은 일찍 눈이 떠졌어요.
배가 아파서 일어났는데 다시 자려니 잠이 오지 않네요.

좀 더 자기 전에 하나님께 꼭! 말씀드려야겠어요.
며칠 동안 이모티콘 작업을 했는데,
시간에 쫓기지 않고 계획대로 한 게 처음이에요!

다 하나님 덕분이에요.

부지런히 작업하도록 도와주셔서 감사합니다.

참, 하나님!
이상한 꿈을 꿨어요.

꿈에서 누군가가
만원 지폐 디자인을 바꾸게 되었다면서
베니 그림을 넣자고 제안하는 거예요.
그래서 만원 지폐에 베니를 정성껏 그렸어요.
꿈인데, 진짜 최선을 다했어요. 너무 리얼해요!
뭔가 좋은 의미 같아서 기분이 좋네요.

하나님, 슬슬 눈이 감겨요.
조금 더 자고 다시 편지 쓸게요.

오늘도 사랑합니다.
오늘도 잘 부탁드려요.

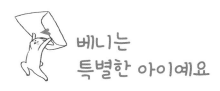

베니는
특별한 아이예요

안녕하세요, 하나님.
저 드디어 마스크를 만들게 되었어요!

저번에 거절하고, 마음을 비우고 지냈는데요.
에이전시에서 연락이 와서 업체와 이야기가 잘되었대요.
그래서 저, 이렇게 받아들이기로 했어요.

'하나님이 허락하셨구나.'

그래서 감사하다고 꼭 말씀드리고 싶어요.
하나님이 주신 캐릭터 '베니'로
마스크 포장지를 디자인하는 것만으로도 즐거웠어요.
완성된 디자인을 보고 또 보면서 행복했지요.

베니는 정말 특별한 아이예요.
하나님이 선물로 주신 캐릭터라서 그런지
계속 애정이 가요.

아무도 믿지 않겠지만,
유일하게 하나님만 아시겠지만,
베니는 제 눈앞에서 살아 움직여요.

폴짝폴짝 뛰어다니고, 잠시 멈춰 생각하고,
춤도 추고, 행동 하나하나가 사랑스러워요.
베니를 생각하면 눈물이 나네요.
그런 베니가, 이왕이면 많은 사람의 삶에 녹아들고
함께하는 캐릭터가 되었으면 좋겠어요.
저만 알고 있기 아까우니까요.

하나님,
베니라는 선물을 주셔서 정말 감사해요.

야속한
여드름

하나님, 저 고민이 있어요.

지난겨울에 제 피부가 많이 망가졌어요.
그래서 사람도 만나기 싫었어요.
크고 붉은 여드름으로 덕지덕지 빈틈없이 채운
얼굴을 볼 때마다 얼마나 심란했는지 몰라요.

여러 사람의 조언대로 식습관도 바꾸고,
수면 패턴도 바꾸고, 화장품도 바꾸면서
피부가 조금씩 좋아져서 거의 절반쯤 사라졌어요!

하지만 양쪽 볼의 조그만 여드름과
턱의 큼지막한 여드름이 여전히 신경 쓰여요.
새로운 화장품 광고를 볼 때마다 괜히 혹하게 되고요.

하나님, 저 헷갈리는 게 있어요!
여드름에 약산성 클렌징이 좋다는 사람도 있고,
반대로 약알칼리성 비누가 좋다는 사람도 있거든요?
누구 말이 맞는 걸까요?

제 피부를 다스릴 방법 좀 알려주세요.
하나님이 지으셨으니까 하나님이 가장 잘 아시잖아요.
괜히 이것저것 시도했다가 더 나빠지는 대참사가
일어나지 않도록 알려주세요.

그리고…
도자기 피부가 되고 싶은 욕심을 내려놓고
있는 모습 그대로, 나를 사랑하게 해주세요.

오늘도 참 못 말리는 고민이죠?
저는 아주 진지해요.

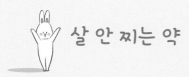 # 살 안 찌는 약

하나님,
제가 아주 갖고 싶은 게 있어요.

세상에는 맛있는 음식이 차고 넘치잖아요.
그런데 다이어트는 힘들어요.
예쁜 옷은 입고 싶고요.
그런데 예쁜 옷은 거의 다 사이즈가 작아요!!!

그래서요, 하나님.
제가 열심히 운동하고 식단 조절도 해서
원하는 몸무게가 되면
거기서 딱! 멈추는 약을 만들어주세요.

하루에 다섯 끼든, 열 끼든
원 없이 먹어도 절대
0.1그램도 안 찌는 그런 약이요!

그러면 분명
세상이 훨씬 평화로워질 거예요.
하나님, 정말 그런 약이 있으면 좋겠어요!
저 지금 되게 진지해요.

다이어트의 재발견

하나님! 하나님!
절대 살이 안 찌는 약을
만들어달라고 말씀드렸잖아요.

그런데 얼마 전 우연히
다이어트에 관해 공부한 내용을 공유하는
'다이어트 챌린지'에 참여하게 되었어요.

흐흐, 1등에게 50만 원 상품권을 준다고 해서
솔깃해서 참여했거든요?
(뭔가를 걸어야 더 열심히 할 것 같아서요!)
1등을 하려면 챌린지 동기들에게 많은 표를 얻어야 해요.
인기 투표를 하는 거죠.

사심이 가득 차오른 저는
웹툰으로 제작해서 열심히 공유했어요.
다양한 다이어트법을 매일매일 공부하고
머리에 쏙쏙 들어오게 웹툰으로 풀었지요.
반응은 폭발적이었어요!

어떻게 됐냐고요?
1등은커녕 3등도 못 했어요.

그런데 신기한 건,
다이어트를 공부하면서
새로 깨달은 게 많다는 거예요.

저는 여태 닭가슴살과 바나나, 토마토, 샐러드만
먹어야 하는 줄 알았거든요.
그렇게 하자니 막막하고, 세상에 맛있는 음식은 많고
다이어트가 제게는 늘 '고통'이었어요.

그런데 먹고 싶은 걸 굳이 참지 않고
즐겁고 건강하게 살 빼는 방법을 알게 됐어요!
그러면서 다이어트가 더는 '고통'이 아니라
'나를 사랑하는 방법'이라는 인식으로 바뀌었지 뭐예요!

그리고요 하나님, 또 있는데요.
저는 웹툰에 도전할 엄두를 아예 안 냈거든요?

그런데 한 달 동안 웹툰을 제작하면서
저도 모르게 재미를 느끼고 있는 거예요.

마치 예전엔 책을 쓸 생각이 없었는데
지금 책을 쓰고 있는 것처럼요.
이번에는 하나님이 저를 웹툰, 혹은 새로운 영역으로
인도하시는 것처럼 느껴져요.
그래서요, 저 도전해보려고요!

하나님, 살 안 찌는 약 대신
더 중요한 걸 알려주셔서 감사해요.

새로운 목표가 생겼어요.
하루하루 바빠지겠네요! 기대돼요!

 투명인간

안녕하세요, 하나님.
참 마음이 안 좋은 오늘이에요.

아주 오랜만에 제가 투명인간이 된 듯
소외감을 뼈저리게 느꼈거든요.

그 느낌은 정말 별로예요. 휴….
무슨 이야기를 하냐고 물어봐도 대답해주지 않고요.
열심히 바라보고 있어도 말해주지 않았어요.
눈이 마주쳐도 웃기만 하고 아무도 알려주지 않았어요.

제가 왜 그곳에 같이 있어야 하는지
정말 이해가 안 갔어요.

계속 있다간 폭발할 것 같아서
자리를 박차고 나왔어요.

하나님, 저는 이 부분이 항상 고민이에요.
사람들이 장애인을 대하는 방법을 잘 몰라서,
제게 다가오는 방법을 잘 몰라서 그럴 수 있다고 생각해요.

그런데 얼마만큼 이해해야 하고,
제가 당당하게 요구해도 되는 건 무언지 헷갈려요.

섣불리 제 입장을 이야기했다가
'역시 피해의식이 있구나'라는 오해를 받을 것 같고요.
그래서 매번 참 어렵고 모르겠어요.

사람은 '기대하고 의지할 대상'이 아니고
'그저 사랑해야 할 대상'인데.
가끔은 저도 좀 편해지고 싶을 때가 있어요.
이렇게 혼란스러운 날도 있고요.

하나님, 오늘의 저는 너무 속상해요.
그냥 저를 안아주세요.

그리고 내일부터 다시 웃을 수 있게 해주세요.

제 얘기만 해서 죄송해요.

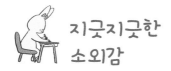

지긋지긋한
소외감

청각장애인으로 살면서 가장 힘든 건 '소외감'이에요.

눈이 보이고, 손발도 자유롭게 움직일 수 있지만
사람들과 함께 있으면 괴로울 때가 많거든요.

사람들이 이야기를 하다가 갑자기 웃으면
'왜 웃지?' 하며 의아하기도 하고,
뭔가 중요한 이야기를 진지하게 나눌 때도
'무슨 이야기일까?' 하며 함께하기가 어려워요.

궁금해서 옆 사람에게
"무슨 이야기해?", "뭐라고 해?"라고 물어보면
"아, 그런 게 있어", "나중에 얘기해줄게"라는
대답이 돌아올 때가 많아요.

그럴 때면 저는 멍하게
시끌시끌한 시간을 보내다 올 때가 많거든요.
그 시간이 참 괴롭긴 해요.

소외감은 저를 슬프게 만들어요.
어릴 때부터 겪었으니 익숙해질 만도 한데
가끔은 정말 견딜 수 없는 날도 있어요.
그날은 하나님한테 가서 엉엉 우는 날이죠.

하나님,
저… 언제까지 이 힘든 싸움을 해야 할까요?

너무 힘들어요.
이 소외감이 참 싫어요.
지긋지긋해요.

살아있음의 증거

하나님,
제가 너무 힘들다고 해서
마음이 아프셨죠? 죄송해요.
오늘 아침에 거울을 보는데 깨달았어요.

'눈이 보여서' 소외감을 느낄 수 있었던 거예요!

눈이 보여서,
사람들의 다양한 표정을 볼 수 있고
시끌시끌한 분위기도 느껴졌어요.
눈이 보이니까 소외감도 느낄 수 있었던 거예요!

결국 소외감은
'내가 살아있다는 증거'였어요.

하나님,
제게 어떻게든 말해주고 싶으셨죠?
깨닫게 해주셔서 감사해요.

우리만의 멜로디

하나님, 아주 고요한 밤이에요.

별 하나 없는 새까만 하늘을 바라보고 있으니

생각이 뭉게뭉게 피어오르네요.

저는요, 사람이랄까, 인체랄까.

그게 참 신비롭고 놀라워요.

예전에 한 다큐멘터리에 출연하면서

피디님과 이런 이야기를 나눈 적이 있어요.

'공감각'에 대해서요.

귀로 소리를 못 들어도 눈으로 소리가 보이는 느낌.

눈으로 보지 못해도 귀나 손으로 보는 느낌.

한 감각이 다른 감각을 일으켜
다양한 방법으로 느끼는 걸 공감각이라고 한대요.
그리고 제게 그것이 뛰어나다는 얘기를 해주었어요.

정말 그런 게 있는 것 같아요.
제가 봐도 신기해요!

사람들과 대화를 나누다 보면
그 사람의 목소리는 분명 들리지 않는데

가만히 얼굴을 보고 있으면 그의 색깔이 보여요.
그의 목소리도 느껴져요.

또 글을 쓰다 보면
키보드가 피아노 건반이 되는 느낌이 들 때도 있어요.
그림을 그릴 때면
제 귀에 음악이 들리면서 손이 춤추는 느낌을 받곤 해요.

제가 봐도 참 놀라워요.
그래서 저는 음악이나 소리에 대해 궁금하지 않나 봐요.
항상 제 귀에 울리고 있으니까요.

누군가가 그랬어요.
아름다운 음악을 듣지 못해서 어쩌냐고요.
하지만 저는 전혀! 슬프지 않은걸요.

왜냐하면 하나님이
저만의 음악 세계를 열어주셨으니까요.

아무도 모르고,
하나님과 저만 아는 멜로디요.

그 멜로디가 얼마나 아름다운지 설명도 안 되네요.
하나님, 특별한 선물을 주셔서 감사해요.

그냥, 말씀드리고 싶었어요.

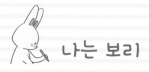

나는 보리

하나님,

오늘 〈나는 보리〉라는 영화를 봤어요.

주인공 보리는 참 예쁘고 귀여운 여자아이예요.

웃음이 시원시원한 아빠와 다정다감한 엄마,

그리고 아빠를 쏙 빼닮아

눈웃음이 무척 매력적인 동생과 함께 살아요.

보리를 제외한 모든 가족이 청각장애인이에요.

그런데 보리는 가족과 함께 있으면서

왠지 모를 소외감을 느껴요.

그래서 소원을 빌어요.

'나도 귀가 안 들리게 해주세요'라고요.

사실 지금껏 청각장애인을 소재로 만든
여러 영화나 드라마를 봤지만,
항상 현실과 동떨어진 느낌이었어요.

왜 있잖아요,
소리를 못 듣는 청각장애인이 의사소통의 어려움 없이
사람들과 이야기를 술술 나누는 장면들이요.
사람들은 말을 빠르게 하는데
청각장애인으로 나오는 사람은 수어만 하죠.
그런데 서로 알아들어요. 말이 안 되잖아요?

이런 연출만 봐와서 그런지
사실 이 영화도 별로 기대하지 않았어요.

그런데 세상에 아주 기발했어요!
오히려 청각장애인들 속에 있는 보리가
소외감을 느낀다는 게 놀라운 역발상이었죠!

처음에는 보리의 입장이 나오고,
나중에는 보리의 관점으로
청각장애인의 고충이 보이기 시작해요.

영화를 보는 내내
지금까지 살아온 시간들이 떠올랐어요.
남편은 영화를 보면서
청각장애인을 더욱 이해하게 되었대요!

알고 보니 감독의 부모님이 청각장애인이라고 해요.
그래서 어떻게 하면 잘 전달할 수 있을까
고심하고 또 고심해서 정성껏 만든 영화래요.

감사했어요.
누군가가 청각장애인을 온전히 알아준다는 것이요.

하나님, 세상은 아직 살 만한 것 같아요.

제가 굳이 말하지 않아도
알아주는 사람이 하나둘 늘어나면서
이렇게 좋은 영화도 나오고
점점 알아주는 세상으로 바뀌겠죠?

하나님, 희망을 가질 수 있어서 기뻐요.
좋은 영화로 저를 위로해주셔서 감사해요.

은혜의 기억

하나님!

어떤 분을 만나서 선교 이야기를 했어요.

그 분이 그랬어요.

"코로나 때문에 선교를 다니지 못하시겠네요."

저는 대답했어요.

"해외는 아무래도 당장은 어려울 듯해요."

그러다가 제가 다녀온 선교 이야기가 술술 나왔어요.

아무것도 모르고 떠났다가 꿈이 생겼던 캄보디아,

기도를 전혀 하지 않고 교만하게 떠났다가

나약함의 밑바닥까지 보고 온 인도,

쓴맛을 보고 안 가려다가 어렵게 결심했는데

영적 싸움의 절정을 겪고

비로소 하나님의 사랑을 온몸으로 깨달았던 몽골,

'씨름하느라 수고했다'며 휴식을 주신 것 같았던 중국,
독일 유학을 앞두고 유일하게 실패한 선교지인
인도에 다시 갔다가 은혜의 선물을 가득 안고 돌아온
기억들이 마치 어제 일처럼 생생하게 살아났어요.

특히 두 번째 간 인도에서
간증했던 기억이 나요.

그때 날씨가 참 더웠어요.
덤덤하지만 신나게 간증을 하던 중에
갑자기 하나님이 제 삶을 통해 일하신 모습들이
파노라마처럼 눈 앞에 펼쳐진 순간,
눈물을 참지 못해 간증을 중단하고
뒤돌아서 엉엉 울었던 때가 생각나요.

통역하던 친구도 함께 펑펑 울었죠.
간증이 끝나자 인도 사람들이 우르르 다가와
안아주고, 손잡아 주고, 기도해주었어요.

선교를 다니면서 만났던
수많은 얼굴이 생생하게 떠올라요.

하나님, 그들은 지금 잘 있을까요?

잘 있는지, 너무 궁금해요.
잘 있었으면 좋겠어요.
하나님이 그들을 지켜주실 거라고 믿어요.

쁘레아 예수 쓰럴란 네악

하나님, 저는 이 말이 왜 이렇게 좋죠?

"쁘레아 예수 쓰럴란 네악."

십 년 전 캄보디아 선교에서 배웠던 말인데
"예수님은 당신을 사랑합니다"라는 뜻이래요.
그런데 저, 이 말이 왜 이렇게 좋죠?

마치 노래 부르는 것 같아요.
이 말을 중얼거릴 때마다
마음속에서 경쾌한 연주가 시작돼요!
쁘레아 예수 쓰럴란 네악 ♪

그런데 저, 예수님이 왜 이렇게 좋죠?

세상에,
제가 엄마가 되다니요!

모든 만남엔
뜻이 있대요

하나님, 오늘 친한 언니네에 가서
정성껏 차려준 음식을 배 터지게 얻어먹고,
시간 가는 줄 모르게 수다도 실컷 떨었어요!

행복했어요.
주변에 좋은 사람이 있다는 게
참 감사한 오늘이에요.

하나님, 그런데요.
이상한 사람도 참 많아요.
저도 딱히 잘난 거 없고 완벽한 사람도 아니면서
남을 판단하는 게 웃기지만요,
이해하기 힘든 사람도 참 많은 것 같아요.

그런 사람들 때문에 스트레스를 받고
힘든 시간도 많았는데, 저는 매번 느껴요.
모든 만남에는 뜻이 있다는 것을요.

'하나님이 왜 이 사람을 만나게 하셨을까?'
'하나님은 이 사람을 통해 무얼 알려주고 싶으신 걸까?'

어떤 사람들을 보면
'우와~ 배우고 싶다' 혹은
'저렇게 하지 말아야겠다'라고 느껴요.
또 제 연약함을 마주하기도 하고
저도 몰랐던 큰 장점을 발견하기도 해요.

그리고 무엇보다
곁에 있는 '좋은 사람들'의 소중함을 느끼지요.

이상한 사람을 만나지 않으면
좋은 사람이 당연하게 느껴질 것 같아요.
그래서 모든 만남에 뜻이 있다고 믿어요.

가끔 이상한 사람을 만나면
머리가 많이 아프지만…
그때마다 하나님께 맡길게요.
잘 부탁드려요!

매일 봐도
매일 좋은 사람

하나님,
저희 부부가 결혼한 지 1년 반이 되어가요.
제가 배우자 기도를 4년이나 한 것 기억하시죠?
그 과정은 정말 지치고 힘들었는데,
하나님이 저를 끝까지 포기하지 않으셨어요.

그래서 실제로 만나야 할 때보다
좀 더 빨리 만난 것 같아요. 그냥 그렇게 느껴져요.
제가 숨이 넘어갈 것 같으니까
하나님이 빨리 주신 것 같은 느낌이요.

예전에 친한 언니가
〈효리네 민박〉이라는 방송을 보던 중에
바로 눈감고 저를 위해 기도했대요.
제가 이상순 같은 남편을 만나게 해달라고요.

까맣게 잊고 지냈는데
지금 제 남편을 보면 정말 이상순 같아요.
하나님이 언니의 기도를 들어주신 거지요?

덕분에 매일매일 같이 밥을 먹고
텔레비전을 보고 드라이브를 떠나고
맛집을 찾아다니고 도란도란 수다 떨고….

딱히 특별한 일이 없는데
이 모든 일상이 정말 행복해요!
종일 붙어 지내도 하나도 질리지 않아요.

매일 봐도 참 좋은 남편,
이 사람을 만나게 해주셔서
이렇게 큰 행복을 주셔서 정말 감사해요.

친구의 배우자도 보내주세요!

하나님, 깊은 밤이에요.

새까만 하늘이 아주 고요하고 고요해요.

고요함을 계속 바라보고 있으니 생각이 많아지네요.

저, 간절하게 부탁드리고 싶은 게 있어요.

제가 사랑하고 아끼는 친구들이 떠오르는데요.

그들도 배우자를 기다리고 있어요.

한 친구는 아주 오래 기다려왔어요.

또 한 친구는 누군가를 마음에 품고 아파해요.

다른 친구는 기대하지 않고 포기하다시피 지내요.

이 친구들이 좋은 배우자를
얼른 만났으면 좋겠어요.

친구들의 연락을 받을 때마다
제가 배우자 기도를 하면서 지쳤던 모습이 보여서
많이 공감되면서도 속상해요.

하나님,
하루라도 빨리 만나게 해주시면 안 될까요?
이 친구들이 신나서 제게 자랑하는 모습을
너무나 보고 싶어요!

제발요, 하나님.

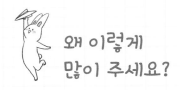

왜 이렇게
많이 주세요?

안녕하세요, 하나님.
아침에 잠깐 비가 내리고 있네요.
곧 갤 테니 걱정은 안 해요.

히히, 오늘 무슨 날인지 아세요?

제 생일이에요! 하나님이 저를 만드신 날이죠!
저는요, 생일이 참 좋아요.
아무 일이 없어도 특별하고 행복하잖아요.
어릴 때는 생일이 다가올 때마다
초대장을 만들어서 친구들에게 나눠줬어요.
엄마는 매번 생일상을 푸짐하게 차려줬고요.
친구들과 시끌벅적하게 놀던 날들도 다 기억나요.

크면서 친구들과 밥을 먹고

갖고 싶었던 선물도 받고 즐거웠어요.

조금 더 지나고는 친구들이 모두 결혼하고

아기 엄마가 되면서 얼굴을 보기 힘들어졌죠.

그래도 매년 생일 한 달 전부터

사람들에게 요란스럽게 알렸어요, 흐흐.

하지만 몇 년 동안 우울증에 시달리면서

하나님을 속상하게 해드렸죠.

(정말이지 그때만 생각하면 하나님께 죄송해요.

엄마한테도 미안하고요.)

그때의 저는 한 살 한 살 나이 먹는 게 싫어서

생일도 반갑지 않았던 것 같아요.

그래서 아무에게도 알리지 않고
조용히 넘어가게 되었죠.

그런데 올해 생일은! 정말 놀랍네요.
조용히 축하하려고 했는데
이상하게 연락이 엄청 많이 왔어요!
오랫동안 연락이 뜸했던 사람들도 축하해주고
선물도 많이 받았어요. 케이크도 8개나요!

하나님, 왜 이렇게 많이 주세요? 엄청나잖아요!

오랜만에 생일이 행복하다는 느낌이 들었어요.
아니, 행복하다는 표현으로는 부족해요!

하나님, 진지하게 말씀드려요, 흠흠.
저를 만들어주셔서 감사합니다.
그리고 엄마와 동생을
가족으로 만나게 해주셔서 감사합니다.
세상에서 제일 멋진 남자,
남편을 보내주셔서 감사합니다.
따뜻한 시댁 식구와 마음이 맞는 친구들,
같은 꿈을 품고 걸어가는 귀한 파트너들을
만나게 해주셔서 감사합니다.

모든 만남의 축복,
제게 허락하신 꿈도 감사합니다.
하나님, 오늘도 사랑해요!

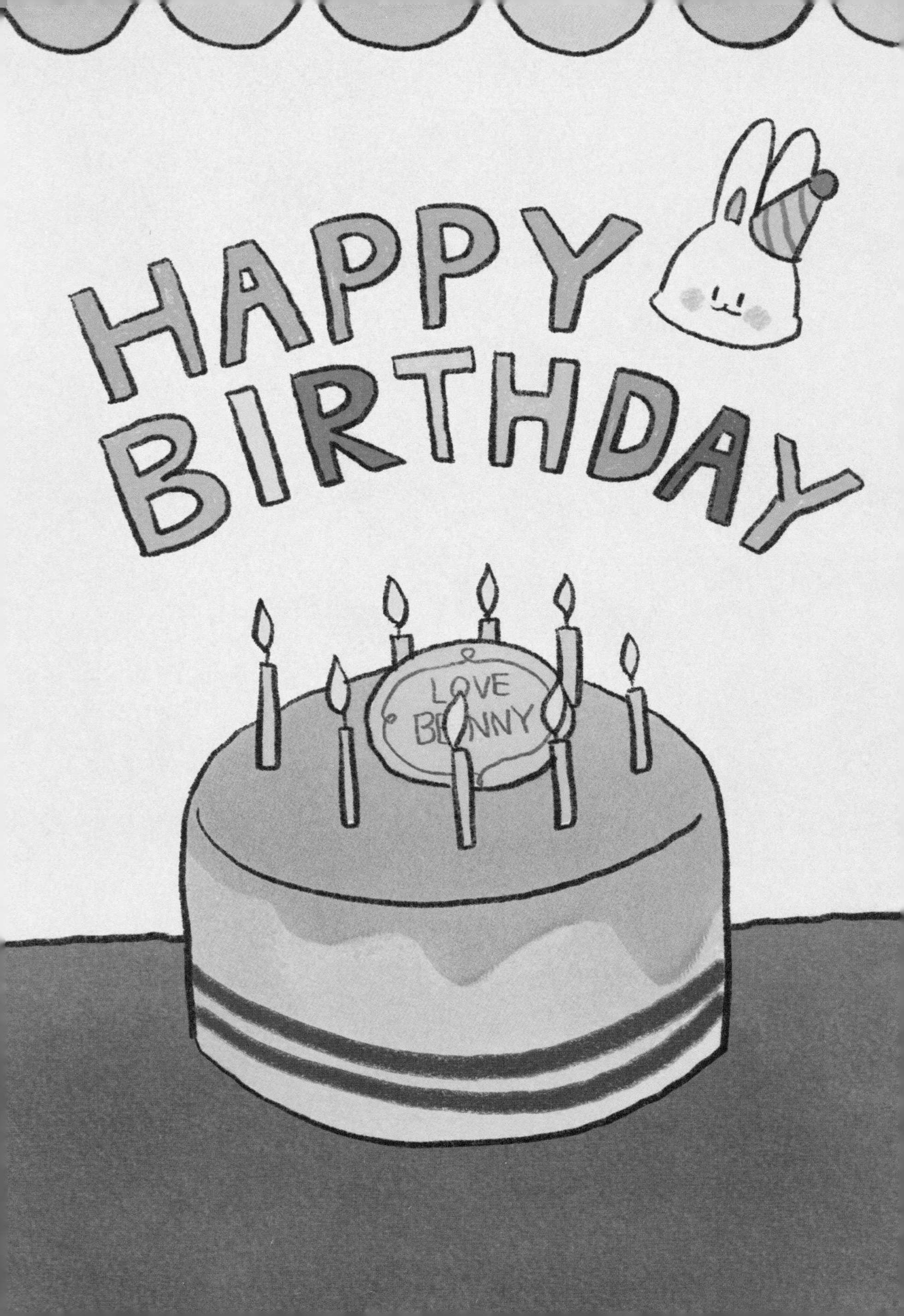
HAPPY BIRTHDAY
LOVE BENNY

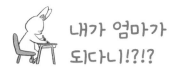

내가 엄마가
되다니!?!?

하나님, 세상에!!!
어… 뭐라고 얘기해야 하죠?

저 임신했어요!!!

아직 철들려면 한참 멀었는데
엄마가 된다니 기분이 이상해요!
정말 이상해요.

하나님, 임신 사실을 알게 된 날이
제게 자식 같았던 고양이 코코가
무지개다리를 건넌 지 딱 1년 된 날이었어요.

그래서 하나님이 코코를 데려가시고
새로운 생명을 선물로 주신 느낌이 들었어요.

저만의 착각이라고 해도 좋아요.
전 그렇게 믿을래요.

태명은 망설임 없이 '코코'로 지었어요.

아직도 얼떨떨하지만
상상도 못 했던 선물을 주셔서 감사합니다.
앞으로 하나님께 기도할 게 많아졌네요.

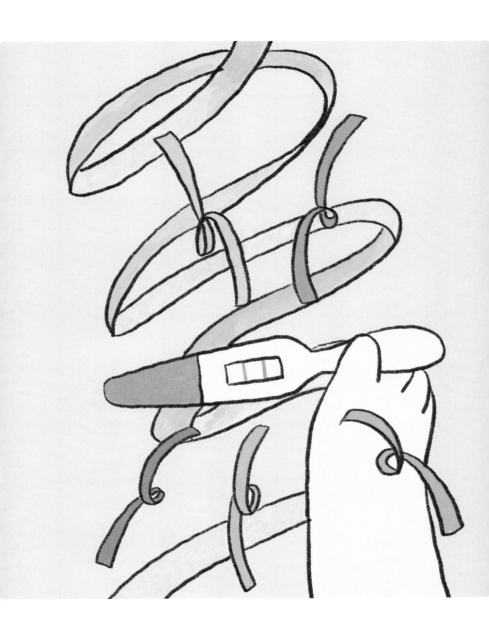

입덧의
늪

하… 하나님,
오랫동안 편지를 쓰지 못했어요.

입덧이라는 게
…

왜 이렇게 괴롭고
…

…

힘들까요?

엄마는 그냥 되는 게
아니었어요

하나님….

입덧이

끝날 기미가

보이지 않아요….

엄마들은 정말 대단해요.

어떻게 이 힘든 일을 해냈죠?

축복이
밀려와요

하나님, 주변에서
축복이 많이 밀려오네요.

저를 위해 직접 만들어준
귀여운 고양이 딱지가 붙어있는 분홍색 털조끼,
코코 군이 덮고 좋은 꿈을 꿀 수 있는
촉감이 부드러운 이불,
겨울에 따뜻하고 편하게 신을 수 있는 털 신발,
코코 맘의 피부를 책임지는 비타민 화장품,
배가 편안한 임산부 스타킹,
코코 군을 위한 은은하고 귀여운 수유등!

또 맛있는 걸 사 먹으라고, 아기용품 사라고
용돈도 두둑하게 보내주셨어요.

심지어 머나먼 방콕에서도
입덧에 도움이 되길 바란다며
달달한 망고를 잔뜩 보내줬어요.
엄청나죠!

항상 감사하며 살아야겠어요!

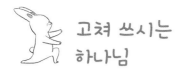 고쳐 쓰시는
하나님

하나님,
참 바빴던 하루였어요.

원래 작업 공간으로 사용했던 방을
코코 군의 방으로 만들어주기 위해 비우고,
손님방을 작업방으로 쓰기 위해서
짐을 하나씩 정리했어요.

방의 용도가 달라지면서
덩달아 필요 없어진 가구가 많아졌어요.
그걸 다 버리자니 너무 아까운 거예요.
그래서 머리를 한번 굴려봤어요.

그중에 아주 기다란 책상이 있었어요.

그 책상의 서랍장은

제게 맞춤이라고 해도 될 만큼 편리했어요.

그래서 책상의 상판을 떼고 분리해서

작은 서랍장으로 새로 만들었어요.

예쁜 색으로 페인트칠도 했지요.

너무너무 예뻐서 뿌듯했어요!

문득 느꼈어요.

하나님은 무엇 하나도 버리지 않으신다는 것을요.

남들이 '이제 사용할 수 없겠어, 버려야겠는데?' 해도

하나님은 그만의 장점과 역할을 아시고

결코 내치지 않으실 것 같아요. 그렇죠?

서랍장을 리폼하면서
하나님 마음을
아주 눈곱만큼 느꼈어요!

 # 마음 청소

하나님, 뭐하세요?
저는 오늘도 뭔가 바빴어요.
(하나님은 저보다 훨~씬 바쁘신데!)

집을 둘러보다가
더 깔끔해지고 싶은 욕심이 생겼어요.
더 미니멀하게 살아보고 싶은 생각을
바로 행동으로 옮겼어요!

아까워서 갖고는 있지만 정작 안 입는 옷들,
신발이랑 가방이랑 모조리 정리했어요.
상태가 좋은 물건은 모두 기부했고요.

하나씩 열심히 비웠더니
집이 아주 깔끔하고 보기 좋아졌어요!

근데요 하나님,
어쩌면… 제 마음도 정리해야 하지 않을까요?

불필요한 생각과 마음을
때마다 비워야 하지 않을까요.
쉽지 않지만 제 마음속 집도 정리해야겠어요.

이 와중에도
제게 알려주셔서 감사합니다, 하나님.

악취야 떠나가라!

하나님,
우리 집 화장실이 이상해요!!!

제가 뭘 잘못한 걸까요?
아무리 청소해도 악취가 금방 올라와요.

뭐가 문제일까요?
답답해요!
도와주세요!!!

꾸준한
관심과 사랑

하나님, 방법을 알았어요!
하수구를 깨끗이 비우고
베이킹소다와 식초를 붓고 놔뒀다가
뜨거운 물을 부어주면
악취가 더 이상 올라오지 않네요.
아주 속이 시원~합니다!

그런데 하나님, 문득 느꼈어요.
뭐랄까, 저 같다고 해야 할까요?
악취를 제거했어도 화장실 청소는 꾸준히 해야 하듯이

아무리 하나님을 사랑해도
꾸준히 찾지 않으면 안 될 것 같아요. 그렇지요?

 집순이 일기

사랑하는 하나님, 안녕하세요?
오늘은 날씨가 아주 좋아요!
산책하고 싶지만
코로나 때문에 안전하게 집에 있어야 해요.

그 평범하고 귀찮던 산책이
이렇게 소중한 거였어요!

맛집도 가고, 전시회도 구경하러 가고 싶어요.
사랑하는 사람들도 만나고
마음 편히 돌아다니고 싶어요.
곧 그렇게 되겠지요?

그동안 그 일상을 아주 당연하게 생각했어요.
하나님이 주신 선물이라고는 생각 못 하고요.
이제야 알아서 죄송해요.

지금은 지금대로
'나는 집순이니까 만끽하자!'
이런 마음으로 못 읽고 쌓아둔 책도 읽고,
생각만 해오던 작품도 본격적으로 만들어보고,
궁금했지만 찾아보지 않았던 영화도 다 볼래요!

하나님, 더 쓰고 싶지만 눈이 감겨요.
이만 줄일게요. 내일 뵈어요.

제가 얼마나
사랑스러우세요?

사랑하는 하나님,
저, 요즘 드라마에 푹 빠졌어요.

어릴 때는 한국 드라마를
자막이 없어서 볼 수 없었어요.
그런데 요즘은 기술이 날로 발전해서
그동안 못 본 한국 드라마와 영화를
자막으로 볼 수 있게 되었어요. 놀라워요!

그래서 인기 많았던 드라마 〈도깨비〉가 궁금해서 봤어요.
아니 근데, 여자 주인공으로 나온
김고은이 너무 예쁘잖아요!

말 한마디 한마디가
왜 이렇게 사랑스러운 거죠?
그 사랑스러움에 감탄하다가 문득 궁금해졌어요.

혹시…
제가 김고은을 사랑스러워하는 이 느낌이
하나님이 저를 바라보실 때의 마음인가요?

아니,
이것과는 비교할 수 없을 만큼
훨씬 더 사랑스럽게 보시는 거지요?
왠지 전 그렇게 느껴지는데요.

제가 좀 뻔뻔하죠?
하지만 그렇게 믿을래요.

사랑해요, 하나님. 쪽!

딴짓 안 할게요

아우, 하나님.
코로나는 언제쯤 끝나려나요?

사람들이랑 접촉을 피하려고
온라인 예배를 드리는데요,
사실 처음에는 너무너무 편했어요!

눈곱도 안 떼고, 편안한 차림으로 소파에 앉아서
예배드릴 수 있는 게 솔직히 좀 좋았어요.
하지만 그 편안함이 점점 익숙해지면서
자꾸 집중이 안 되고 딴짓하게 돼요.
하나님, 죄송해요.

예전의 예배가 그립네요.

저는 찬양팀의 뜨거운 목소리도, 멋진 음악도,
하늘을 울릴 만큼 큰 기도 소리도 듣지 못해요.
하지만 그 열정이 공간을 가득 채워서 제 심장을 쿵쿵 울려요.
그 뜨거운 울림을 다시 느낄 날이 왔으면 좋겠어요.

그건 그렇고, 지금 당장!
예배에 집중할 수 있게 도와주세요.
상황을 핑계로 집중하지 않았던 것,
정말 죄송해요.

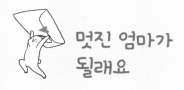

멋진 엄마가
될래요

하나님, 이건 정말 쓸데없는 이야기인데요.
그래도 하나님한테 얘기할래요.

쇼핑몰을 거닐다가 어떤 옷을 발견했는데요.
잠시 상상을 해봤어요.

조그만 사내아이, 코코 군의 손을 잡고
어디론가 걸어가는 제 모습이요.
적당히 여성스러우면서도 어딘가 멋진! 그런 패션!
예를 들면, 청색 원피스에
데님 캔버스 운동화를 신는 거예요!
딱 여성스러우면서도 멋지지 않나요?

저 그렇게, 멋진 아들엄마가 될래요.

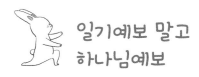

일기예보 말고
하나님예보

하나님,

오늘 비가 온다고 했는데 안 오네요.

어제도 온다고 했는데 안 왔어요.

흠, 일기예보가 대부분 안 맞아요.

역시 앞일은

하나님만이 아시는 거죠?

 맛집의 내공

하나님, 비가 주룩주룩 내리네요.
(오늘은 일기예보가 정확했어요.)
무더운 여름을 잠시 식혀줘서 기분이 좋아요.

조금 춥긴 한데 뽀송뽀송한 긴팔 티셔츠를
입으면 문제가 안 되죠!
너무 더워서 얼굴이 벌게지고
야속한 여드름이 나는 것보단 훨씬 나으니까요.

비 오는 날이면
꼭 얼큰하고 뜨끈한 국물이 먹고 싶어져요.
그래서 남편이 수제비 맛집을 찾았어요!

약간의 기대와 설렘을 안고 갔지요.

12시도 안 됐는데 줄이 제법 길었어요.

조용한 용인에서,

시내도 아니고 시골에 가까운 곳인데

작고 허름한 가게 앞에 줄이 긴 광경이 제법 신기했어요!

'얼마나 맛있길래?'

괜히 기대감이 더 커졌어요.

1분이 10분 같고, 10분이 1시간 같았어요.

오랜 기다림 끝에 드디어 자리에 앉았어요!

얼마 안 있어 금방 수제비가 나왔어요.

김이 모락모락 피어오르고 하얀 육수에 손수 빚은 수제비,

그 위에 무심하게 놓인 까만 김 몇 조각.

투박하고 단순하고 꾸밈없는,

생각보다 평범한 모습이었어요.

약간 망설이다가 한 입 먹어봤어요.

!!!!!!!!

그 순간, 진실의 미간이 바로 찌푸려졌어요.

너무 맛있는 거 있죠!

저는 이성을 잃고 그릇에 얼굴을 파묻었어요.

두 입 먹어도, 세 입 먹어도 첫맛의 감동이 이어졌지요.

배가 탱탱하게 불러왔고
더는 먹을 수 없을 때 숟가락을 내려놓았어요.
아주 흡족하고 행복한 시간이었지요.
잔뜩 부른 배를 쓰다듬으며
가만히 생각해봤어요.

간소하게 차린 수제비 한 그릇.
소박한 모습에 비해 굉장히 깊고 풍부한 맛.
이렇게 저렇게 온갖 단장을 하지 않아도
깊숙이 뿌리 내린 탄탄함으로 승부를 보는 맛집.

그 가게는 코로나에도 끄떡없어 보였어요.
오랜 역사와 내공이 쌓여 견고해 보였지요.

마치 어떤 고난이 찾아와도
흔들리지 않는 믿음처럼요.

하나님, 저도 그렇게 될 수 있겠죠?
조금씩 노력해볼게요.

제가 어떤 모습이든
제 마음속 교회를 탄탄하게 짓고 지킬게요!

오늘도 많은 이야기를 해주셔서 감사해요.
수제비 한 그릇으로
행복을 느끼게 해주셔서 감사해요.

하나님이 주신 가족

하나님, 안녕하세요?
오늘 엄마와 동생 자룡이가 놀러왔어요.
아주 두 손 무겁게 들고 왔어요.

엄마의 반찬은
'과연 이걸 다 먹을 수 있을까' 싶을 만큼 많았고,
자룡이는 제가 먹고 싶은
싱싱하고 예쁜 딸기를 듬뿍 사 왔어요.

그런데 하나님, 저는 생각할수록
먼가 마음이 뭉클하고 아려요.

엄마와 동생을 떠올릴 때마다
어린 시절부터 지금까지 함께한 시간이
눈앞에 스쳐 지나가요.

어릴 때 우리는 항상 함께했고
잠시도 떨어지지 않았는데,
어느 날부턴가 제가 독립하면서
매일이 아닌 일주일에 한두 번 만나다가
결혼을 하면서는 한 달에 한 번 볼까 말까 해요.

그래서 마음이 시큰하고 아려와요.

하나님이 주신 가족,
너무 소중하고 고마워요.
또 새로운 가족, 남편과 시댁 식구 모두
좋은 분으로 만나게 해주셔서 감사해요.
곧 만날 우리 아기도 정말 감사해요.

모두 건강히
오래오래 행복하기를,
함께하기를 기도합니다.

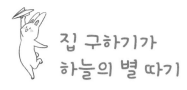

집 구하기가
하늘의 별 따기

하나님, 좀 급해요!

언젠가 서울로 다시 가야겠다는 생각은 하고 있었는데
뜻하지 않게 빨리 올라가게 되었어요.
그래서 집을 급하게 알아보는데 장난이 아니네요!

집을 보기로 약속하고 바로 달려가고 있는데,
다른 사람들이 집도 안 보고 덜컥 계약해버려서
가는 도중에 집이 나갔다는 전화를 몇 번이나
받았는지 모르겠어요. 어떻게 이럴 수 있죠?

하나님, 도와주세요.
집을 잘 구할 수 있기를!

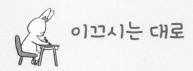# 이끄시는 대로

하나님, 저 결심했어요.
아니, 결심했다고 하기엔 조금 웃기지만요.
하나님이 이끄시는 대로 따라가면 되는 건데 말이죠.

아무튼 저 결심했어요!
원래 서울에 다시 가려고 했잖아요.
우리 아이에게 좋은 교육 환경을 만들어주고 싶어서요.

그런데, 제 욕심인 것 같아요.

서울이 아니더라도
우리가 부모의 역할에 최선을 다한다면
아이는 훌륭하게 자랄 거예요.

꼭 서울을 고집하지 않아도 될 것 같다는
생각, 아니 확신이 들었어요.

그래서요 하나님,
서울 집을 안 구해주셔도 돼요.
아이가 눈치 안 보고 자유롭게 뛰놀면서
건강하게 자랄 수 있는 집으로,
하나님이 기뻐하시는 집으로 인도해주세요.

천천히 움직일게요.
이끄시는 대로 앞서가지 않고
천 천 히 따 라 갈 게 요.

오늘의 메뉴

하나님, 벌써 저녁 시간이 다가오고 있어요!
남편과 항상 하는 얘기가 있어요.
"점심 뭐 먹지?", "저녁은 뭐 먹을까?"

세상에서 가장 행복하고 배부른 고민이죠.

어느 날은 냉장고가 텅텅 비어서 막막하고
어느 날은 먹을 게 넘쳐서 고민되기도 해요.
같은 고민인데 느낌이 조금씩 달라요.

흠, 오늘의 저녁 메뉴를 결정했어요!
진한 사골국물에 고기만두와
떡국 떡을 넣어 끓여 먹을 거예요!
오늘도 배를 채워주셔서 감사합니다.

평범하고 특별한 행복

참 고마우신 하나님,
오늘은 어느 때보다 감사하다고 말하고 싶어요!

제가 요즘 임신으로 몸의 변화를 느끼면서
많이 힘들었어요. 그런데 가만 보니
남편이 제가 뱉은 사소한 말 한마디도
놓치지 않고 곁에서 묵묵히 챙겨주는 거예요.
그 모습에 저도 힘을 내요. 이런 남편을 주셔서 감사해요.

남편이랑은 특별한 이벤트 없이
매일 같이 밥 먹고, 산책하고, 텔레비전을 보고
반복된 일상을 보내도 마음이 꽉 차요.

날마다 행복을 선물 받아요.
가장 어렵다는
평범한 행복을 주셔서 정말 감사해요.

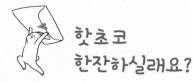

핫초코
한잔하실래요?

안녕하세요, 하나님!
요즘 눈이 많이 내리네요.
참 예뻐요.

눈이 흩날리는 풍경을 바라보고 있으면
핫초코 한잔하고 싶어져요.

그런데요, 하나님.
죄송하지만…
적당히 내리게 해주시면 안 될까요?

아이를 키우며
하나님 마음을 느껴요

세상에,
아들이에요!

세상에, 하나님.
예정일보다 더 일찍 아기를 낳았어요!
아들이에요!

아, 정말 몸이 힘들어요. 못 움직이겠어요.
다른 엄마들은 어떻게 낳았죠?

저, 엄마가 됐다는 게 아직 안 믿겨요….

실감이 안 나요.
일단 정신 차려볼게요.

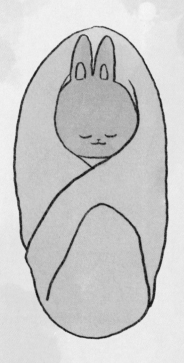

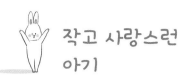

작고 사랑스런
아기

하나님,
정신을 차리고 보니 집이네요.
아기와 함께 있어요.

벌써 산후조리원도 다녀왔고
도우미도 다녀갔어요.
어느새 시간이 이렇게 흘렀는지 모르겠어요.
아기를 자세히 들여다보니 참 조그마해요.

아주 조그맣고 사랑스럽네요.

첫 옹알이

사랑하는 하나님,
아기는 잘 자라고 있어요.
분명 하나님이 잘 지켜주고 계셔서겠죠?

저도 아기와 함께 마음이 자라고 있어요.
엄마의 마음이요.

처음에는 어리둥절했는데
점점 아기와 함께 사랑이 자라나네요.
참 신기해요!

그리고요, 하나님. 저 속상한 게 있어요.

오늘 아기가 첫 옹알이를 했어요.
하지만 저는 들을 수 없었어요.

어릴 때부터 소리를 못 듣고 살아서
사실 어떤 소리든 궁금하지 않거든요.
남편에게는 미안하지만, 그의 목소리도 궁금하지 않아요.

그런데 아기의 첫 옹알이…
그 자그마한 소리를 듣지 못하는 게 참 속상하네요.

"괜찮아. 목소리 대신 다른 걸 보면 되지!"라는 말도
하나도 위로가 안 돼요.

아기의 모든 걸 느끼고 싶으니까요.

뭐라고 설명하기 힘들지만
이게 엄마의 마음인가 봐요.

하나님,
아기의 사랑스러운 목소리를
듣지 못하는 건 어쩔 수 없는 거겠죠.
그냥 제 속상한 마음을 쓰다듬어 주세요.
그리고 다시 힘낼게요.
제 이야기를 들어주셔서 고마워요, 하나님!

또 사주세요!

하나님,

저 오늘 아주 큰 리본 머리핀을 샀어요.

파랗고 화려한 무늬가 있는 리본이에요.

끈으로만 묶다가 처음으로 핀을 샀는데요,

걱정이 조금 되었어요.

'이 핀으로 머리를 묶을 수 있을까?'

한참을 만지작거리며 고민하다가 일단 사버렸어요.

바로 뜯어서 해보니까 잘 안 되더라고요!

'괜히 샀나?' 후회하려던 찰나,

머리끈 위에 한번 꽂아봤어요.

세상에, 완전 찰떡이에요! 아주 감쪽같아요!

오히려 끈으로 묶는 것보다
더 예쁘고 튼튼하게 고정되더라고요!
종일 파란 왕리본 핀을 빼지 않았어요.
슬쩍 거울을 볼 때마다 행복한 이 기분 아세요?
예쁘게 잘 쓸게요.

그리고 욕심이 생겼어요, 하나님!
앞으로 더 많은 왕리본을 모으고 싶어요.
어차피 천국에 가져가진 못하지만
이 땅에 사는 동안
꾸미는 즐거움을 듬뿍 누리고 싶거든요.

많이 많이 사주세요, 하나님!

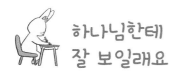

하나님한테
잘 보일래요

하나님, 아시죠?
제가 엄청난 욕심쟁이라는 것을요.
저는 지금 바라는 게 엄~청 많아요!

무언가를 바랄 때 다 내려놓고
하나님께 맡겨야 한다는 걸 알아요.
만일 하나님이 '그건 안 된다!'
또는 '더 좋은 게 있어!'라고 하시면
그런대로 받아들일 거예요.

그치만 그전에는
바라는 게 생기면 일단 졸라도 되는 거죠?

하나님,

저는 지금 바라는 게 아~주 많아서요,

하나님한테 잘 보여야 해요.

잘 보이고 싶어요.

왜냐면 하나님은

모든 게 가능하신 분이니까요!

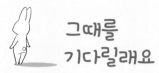

그때를
기다릴래요

하나님, 여전히 무더운 여름이에요.
저는 남편과 아기와 함께
에어컨이 빵빵한 집에 콕 박혀있어요.
시원하다 못해 춥네요!

그나저나 하나님,
오늘은 유아세례에 대해 생각해봤어요.
세례는 아주 아름다운 선물이잖아요.
그런데 고민이 돼요.

'꼭 세례를 받게 해줘야 할까?'

사실 아기는 아직 하나님을 잘 모르잖아요.

그래서 친한 목사님에게 여쭤봤더니
나중에 해주라고 하시더라고요.
아기가 스스로 하나님을 믿고 사랑한다고 말할 때,
세례를 받게 해주라고요.

그 말씀을 듣고 바로 고민이 해결됐어요!
저, 그렇게 하기로 했어요, 하나님.

아기가 자라서 하나님을 믿게 되는 그날을
설레는 마음으로 기다릴래요.

하나님, 잘 부탁드립니다!

세상에서 가장 큰 선물

하나님, 안녕하세요?
지금 뭐하고 계실까요.
혹시 저를 지켜보고 계세요?

저는 지금 아기를 안고 있어요. 정말 행복해요.
아기가 자는 모습을 보면서 번뜩 깨달았어요.

**하나님께서 저희 부부에게
큰 선물을 주셨다는 것을요.**

말로 표현하기 어려울 만큼 큰 선물이에요.
감사합니다, 하나님.
그저 이 말을 하고 싶었어요.

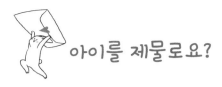

아이를 제물로요?

하나님,
저 갑자기 아브라함이 생각났어요.
그가 오랫동안 기다렸던 아기를 하나님이 주셨고,
아기가 자라서 어엿한 청년이 되었는데
하나님께서 그 아들을 제물로 바치라고 하셨잖아요.
(정말 제물로 바치라는 건 아니었지만요.)

'내가 아브라함이라면?'

<u>스스로 질문을 던져봤어요.</u>
오, 대답을 당장 못 하겠어요.
잠시만 기다려주실래요?

하나님께 맡길래요

고민을 한참 했어요.
한 일주일 정도 지난 것 같아요.

저, 겨우 결심했어요.
우리 아들을 하나님께 맡길래요.
하나님이 주신 선물이니까요.

선하신 하나님이시니
아들을 선하게 사용해주세요.
하나님의 뜻대로 든든하게 지켜주세요.

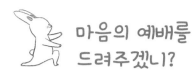

마음의 예배를
드려주겠니?

하나님, 오늘 엄마가 오셨어요.
제게 물어보셨어요.

"경선아, 요즘 예배드리니?"

저는 뜨끔했어요.
솔직하게 대답했지요.

"아니."
"안돼, 너는 예배를 꼭 드려야 해.
목사님 말씀을 듣지 못해도 괜찮으니 그저 예배만 드려.
어떤 모습이어도 하나님은 네 마음을 다 아실 거야."

그 순간 눈물이 펑펑 터졌어요.
맞아요, 저는 할 말이 없어요.

아들이 아직 신생아라서 자주 울거든요.
제가 울음소리도 듣지 못해서
남편이 잠을 설쳐가며 육아를 더 많이 맡고 있어요.

예배를 드리려면 말씀을 들어야 하는데,
남편이 얼마나 힘든지 아니까
대필을 부탁하기가 미안해서
예배를 드리자고 말을 못 했어요.
그러다 보니 점점 안 드리게 됐고요.

맞아요.
꼭 남편이 말씀을 적어주지 않아도
예배를 드릴 수 있어요.

**예배를 드리는 형식보다
'내 마음의 중심'이 중요한 거잖아요.**

변명하지 않을게요. 하나님.
앞으로 예배를 저답게 최선을 다해 드릴게요.
저를 포기하지 않아주셔서 감사해요.
그리고 사랑해요.

아롱이네
풍경

사랑하는 하나님! 저 오늘 행복했어요.
어머님이랑 점심을 먹으려고 제천에 갔다가
재미있는 구경을 했어요!
시부모님이 계신 곳은 작고 조용한 마을이에요.
그 마을은 초입에 다리가 있고 건너가면 마을회관이 나와요.

얼마 전에 어머님이 동네 과수원에서 키우는
새끼 고양이 한 마리를 데려오셨는데,
이름을 '아롱이'라고 지었어요.
마침 제가 간 날에 그 과수원 아주머니를 우연히 보았지요.
아주머니는 '매일이 똑같아도 즐겁구나' 하는 표정으로
느릿느릿 마을회관으로 걸어왔어요.

그런데 양쪽에 고양이 두 마리가 아주머니 속도에 맞춰
나란히 걷고 있는 거예요. 꼭 보필하는 것처럼요!
아주머니는 마을회관에 도착하자 안으로 쑥 들어갔고
고양이 두 마리는 태평하게 문 앞에 벌러덩 누웠어요.
일광욕을 즐기듯이요!

한 마리는 아롱이의 할아버지였고,
또 한 마리는 아롱이의 형이었어요.
어머님이 외출하실 때마다 문이 열리면
마을회관 앞에서 쉬던 아롱이 할아버지가
아롱이를 데리러 왔어요.
아롱이는 할아버지가 와서 좋은지 힘차게 뛰쳐나갔지요.
그런 풍경이 눈앞에 펼쳐지는 게 참 신기했어요.

제천의 작고 조용한 마을.

가만히 무엇을 하지 않아도 행복해지는 구경을 했어요.

마치 잔잔한 영화를 보는 느낌이었어요!

하나님, 이런 행복을 주셔서 감사합니다.

그리워요,
그 느낌!

하나님, 대놓고 여쭙고 싶어요.
코로나는 언제 끝나요?

그 느낌이 그리워요.
졸린 눈을 반쯤 뜨고 차가운 새벽 공기를 마시면서
비몽사몽 공항으로 향하는 그 느낌.
공항에 도착해서 대충 면세점을 둘러보고
아무 카페에나 들어가 차 한 잔, 샌드위치 하나 먹고
비행기에 후다닥 탑승하는 그 느낌.
안전벨트를 매고 기절하듯 잠들어 버리는 그 느낌.

언제쯤이면 다시 맛볼 수 있을까요?

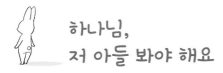

하나님,
저 아들 봐야 해요

선하신 하나님,
오늘 오랜만에 병원에 다녀왔어요.
6개월이나 1년에 한 번 눈의 상태를
점검하기 위해 검사를 받잖아요.
이날은 긴장하게 돼요.

그런데요 하나님,
남편이 전부터 몇 번 얘기했어요.
"자기 시야가 좁아진 것 같아. 아무래도 이상해."

그럴 때마다 아니라고 고개를 흔들었어요.
그런데 사실… 저도 느껴지긴 했어요.

남편이 바로 코앞에 있는데
한참을 헤맬 때가 종종 있었으니까요.
부정하고 싶었는데, 의사가 말했어요.

"시야가 좁아진 것 같습니다.
더 자세히 검사해봐야겠어요."

하나님, 부정하고 싶은 현실을
막상 확인하니까 참 속상하더라고요.
제일 먼저 든 생각이 뭔지 아세요?

'나 우리 아들 봐야 하는데!'

아들이 무럭무럭 자라서
기어다니고, 걸어다니고, 뛰어다니고
유치원부터 대학교까지 다니는 모습,
결혼하는 모습까지 다 보고 싶은데….
집에 가는 내내 얼마나 울었는지 몰라요.

하나님, 오늘은 좀 칭얼거릴래요.
그리고 간절한 마음으로 조를래요.

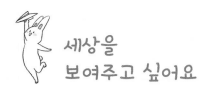

세상을
보여주고 싶어요

하나님,
하루하루가 어떻게 지나가는지 모르겠어요.
아들은 벌써 스스로 앉을 줄 알아요!
궁금한 게 많아지나 봐요.

아들에게 세상을 전부 보여주고 싶어요.

하나님이 지으신 아름다운 자연과
사계절도 보여주고 싶고,
재밌고 신나는 곳에 데려가서
다양한 사람을 만나게 해주고 싶어요.

이 지긋지긋한 코로나를
얼른 잠재워 주세요. 제발요!

할머니에게 전해주세요

하나님,
정말 상상도 못 한 일이 일어났어요.
할머니가 돌아가셨어요.
정확히는 하나님 품으로 가신 거겠지요.

그렇지만 너무 갑작스러워요.
할머니가 코로나로 떠나실 줄은 몰랐어요.

아직 아들도 못 보여드렸는데….
너무 죄송하고 마음이 무거워요.
할머니한테 사랑 표현도 많이 못 하고
어리숙하고 부족했던 날들만 떠오르네요.

할머니의 마지막을 배웅하지 못한 게
가장 속상해요.

하나님,
할머니는 살아생전에 화장을 원하지 않으셨어요.
그런데 코로나 때문에 어쩔 수 없었어요.

할머니가 무서워하지 않고 평안하게
하나님 품에서 쉬실 수 있도록 지켜주세요.

그리고 저뿐만 아니라
남은 모든 가족의 마음도 지켜주세요.

하나님,
할머니를 만나면요, 꼭 전해주세요.
제가 죄송하다고요.

할머니한테 참 많은 사랑을 받았는데
그 사랑에 보답하지 못했다고,
늦었지만
제가 많이 사랑한다고 전해주세요.

아빠 아버지 마음

사랑하는 하나님,
세상에서 제일 멋진 하나님!

제가 비록 예전보다
하나님을 열심히 찾지는 못하지만요,
아이러니하게도 예전보다
하나님 마음이 더 느껴져요.

아들을 키우면서 하나님의 마음을
얼마나 자주 느끼는지 아세요?

기저귀를 갈아주려고 눕히면
아들이 오만상을 찌푸리며 울어요.

그런데 어쩔 수 없잖아요.
지저분한 기저귀를 계속 차고 있게 할 수는 없으니까요.
단호하게 기저귀를 갈고 달래주는데
하나님의 마음을 느꼈어요.

하나님께 저는 우리 아들 같을 거예요.
제가 '고난' 앞에서 울고불고 힘겨워할 때
하나님은 그것이 '괴롭지만 꼭 필요한 것'이기에
그 길로 인도하시고 함께 걸어주셨어요.

언제나 제가 좋아하는 것만 해줄 수 없고
제가 싫어해도 필요한 과정이기에 함께하셨지요.

아들을 돌보면서
하나님의 마음을 많이 느끼는 요즘,
참 행복하고 뭉클해요!

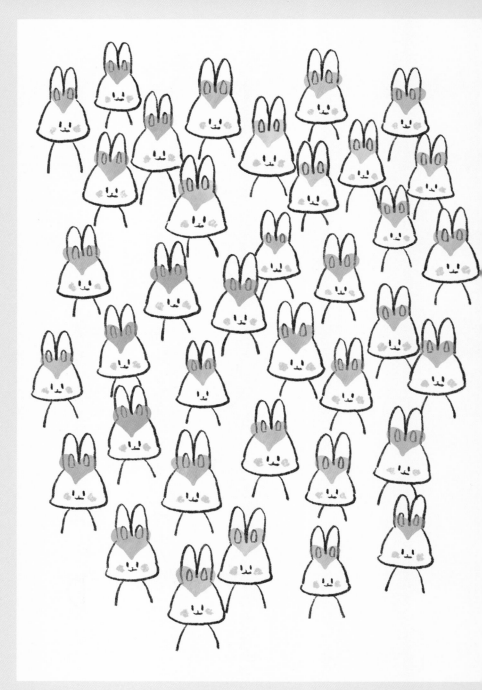

사랑의 눈이 생겼어요

하나님,
아들을 통해서 새로운 눈이 열렸어요!

모든 사람이 우리 아들처럼 느껴져요.
참 소중하고 사랑스러운 존재들이에요.

제게 새로운 관점을 주셔서 감사해요.
정말요!

간절한 기도제목

하나님!
부끄럽지만 오랜만에 교회에 간증하러 갔어요.
사랑스러운 사람들 앞에서
간증을 마치고 내려오기 전에
갑자기 저도 모르게 돌발 행동을 했어요.

원래 간증하고 나면 깔끔하게 내려오는데
그날은 그냥, 그러고 싶었어요.
손을 번쩍 들고 말했어요.

"저 기도제목이 하나 있어요. 얘기해도 될까요?"

그러고 말하려다가 아우, 정말 못나게 울었어요.

예쁘게 눈물을 또르르 흘려야 하는데
오만상을 찌푸리며 울고 말았어요.
눈물이 수돗물처럼 콸콸 나오더라고요, 창피하게요.

한참이나 우느라고
기도제목은 한마디도 말을 못 하다가
울먹거리면서 어렵게 얘기했어요.

"제 아들을 오래오래 볼 수 있게 기도해주세요."

지금도 눈물이 나네요.
저는 선하신 하나님을 믿어요.
제 맘 다 아시죠?

하나님의 뜻이라면
어느 쪽이든 받아들이고 따를게요.
그 전에 간절한 마음으로 먼저 조를래요.

사랑해요,
언제나 감사해요.

한 명 말고
아주 많이요

하나님,

간증을 열심히 다니는 어떤 분이 자주 하신 말이 있어요.

"단 한 명에게라도 복음의 씨앗이 심기면 좋겠다"였나

"된다"였나, "원한다"였나 정확히 기억나진 않지만요.

아무튼! 그 말을 들을 때마다

고개를 끄덕였지만 역시 저는, 욕심쟁이예요.

욕심으로 꾸덕꾸덕 뭉쳐있죠.

왜 한 명으론 만족이 안 되죠?

이왕이면 많을수록 좋겠어요.

제 간증을 통해 하나님이 아주 많이 일하셨으면 좋겠어요!

그러니까요, 언제나 많이 많이 일해주세요!

다 저를 위해서였군요!

하나님, 가만 생각해보니까요.
혹시 그거 아니에요?

저는 그동안 간증을 다니면서
'내가 만난 하나님을 나눠야지'라고 생각했거든요?

그런데 사실 하나님이
저를 위해 보내주신 게 아닐까요?

간증을 다니다 보면,
끝날 때마다 꼭 많은 분이
저를 위해 기도해주시거든요.
중보기도의 힘이 크잖아요!

제가 나누는 게 아니라
제가 기도를 받게 하려고 보내주신 거지요?
꼭 그렇게 느껴지는데요. 하나님, 맞죠?

그렇다면 엄청나잖아요.

많은 사람의 중보기도 덕분에
제가 아주 오래오래 볼 수 있겠는데요!

역시 하나님, 사랑해요!

올해도

새해가 됐어요.
올해도 잘 부탁드려요.

나의 하나님.

하나님,
다음엔 뭘 그릴까요?

누군가 물었어요.

"다음 작품은 어떤 이야기를 쓰실 건가요?"

제가 대답했어요.

"올해는 하나님께 써온 기도 편지를 책으로 낼 것 같아요."

결혼 이야기를 하자니 3년밖에 되지 않아

명함을 내밀기 애매하고(한 10년은 살아보고 찬찬히 써볼게요)

육아 이야기도 좀 더 시간이 쌓여야 할 것 같고요.

그래서 소중히 간직해온

하나님과 저만의 비밀 편지를 세상에 공개하기로 했어요!

비교적 얌전한 걸로 추려서요.

앞으로 10년 가까이는 코코 군에게 들려준다고 생각하고
베니와 친구들의 이야기로 동화책을 써보고 싶어요.

사실 저는 처음부터 동화작가가 되고 싶었어요.
(하나님은 아실 거예요.)
그런데 동화책으로 데뷔한 게 아니라
대중적인 이미지로 싸이월드부터 시작해서
카카오톡 이모티콘을 만들어왔죠.
책도 동화가 아닌 일러스트 에세이를 썼고요.

그렇게 베니를 그려온 지 벌써 15년이 됐어요.
정작 하고 싶었던 동화책을 내지 못하고요.
참 이상하지 않나요?

그때 딱! 느꼈어요!
하나님은 사람의 생각을 뛰어넘고
예상을 뒤엎어 버리는 분이라는 것을요.

그러니 때로 납득되지 않는 상황이 와도
모든 과정에는 반드시 '뜻'이 있고
내가 바라는 일도 '때'가 있음을 믿고
묵묵히 걸어가야 한다는 걸요.

하나님께 가만히 맡길래요.

제 꿈을 이뤄가실 크고 놀라운 손길을 기대하면서요.
열심히, 오늘을 살고 내일을 살 거예요!